BEI GRIN MACHT SICH IHR WISSEN BEZAHLT

- Wir veröffentlichen Ihre Hausarbeit,
  Bachelor- und Masterarbeit

- Ihr eigenes eBook und Buch -
  weltweit in allen wichtigen Shops

- Verdienen Sie an jedem Verkauf

Jetzt bei www.GRIN.com hochladen
und kostenlos publizieren

Beweglichkeits- und Koordinationstraining. Erstellung eines Trainingsplans

Jannik Trautwein

Bibliografische Information der Deutschen Nationalbibliothek:

Die Deutsche Nationalbibliothek verzeichnet diese Publikation in der Deutschen Nationalbibliografie; detaillierte bibliografische Daten sind im Internet über http://dnb.d-nb.de abrufbar.

ISBN: 9783346839794
Dieses Buch ist auch als E-Book erhältlich.

Druck und Bindung: Books on Demand GmbH, Norderstedt Germany
Gedruckt auf säurefreiem Papier aus verantwortungsvollen Quellen

Das vorliegende Werk wurde sorgfältig erarbeitet. Dennoch übernehmen Autoren und Verlag für die Richtigkeit von Angaben, Hinweisen, Links und Ratschlägen sowie eventuelle Druckfehler keine Haftung.

Das Buch bei GRIN: https://www.grin.com/document/1334799

Deutsche Hochschule für
Prävention und Gesundheitsmanagement
Hermann Neuberger Sportschule 3
66123 Saarbrücken

Einsendeaufgabe

Fachmodul: Trainingslehre 3

Studiengang: Gesundheitsmanagement

Name, Vorname: Trautwein, Jannik

Studienort: **Stuttgart**

Semester: **WS 2018**

Inhaltsverzeichnis

1 Personendaten

Für eine optimale Trainingssteuerung benötigt man eine Diagnose. Hierbei werden mittels eines Eingangsgesprächs persönliche Daten (Alter, Geschlecht, etc.) erhoben, um den Leistungs- und Gesundheitszustand einordnen zu können. Für eine optimale Dehnungs- und Koordinationsplanung sollten zusätzlich Trainingsmotive, Zeitbudget und gesundheitliche Einschränkungen geklärt werden, um einen Soll-Zustand anzustreben.

Tab. 1: Allgemeine Personendaten (eigene Darstellung)

Alter	22	Geschlecht	männlich
Körpergröße	168	Körpergewicht	67
Trainingsmotive	Verbesserung der Beweglichkeit in Rücken und Hüftbeuger	Berufliche Tätigkeit	Dualer Student im Bereich Gesundheit
Aktuelle sportliche Aktivitäten	Fußball (3x Training + 1x Spiel pro Woche)	Frühere sportliche Aktivitäten	schon immer Fußball
Zeitlicher Verfügungsrahmen	eine Stunde pro Tag	Sonstiges	-
Orthopädische Probleme	leichte Lordose im LWS Bereich, Fehlende Mobilität in der Brustwirbelsäule		
Internistische Probleme	Keine internistischen Probleme		
Ärztliche Behandlungen	Nicht in ärztlicher Behandlung		
Einnahme von Medikamenten	keine Einnahme von Medikamenten		

Bezüglich der Belastbarkeit und Trainierbarkeit liegen wenige bis keine Einschränkungen vor. Die zu trainierende Person hat weder internistische Probleme noch befindet sie sich in ärztlicher Behandlung und nimmt keine Medikamente. Lediglich aufgrund der orthopädischen Probleme muss während den Übungen auf eine korrekte Haltung (z. B. Beckenaufrichtung) geachtet werden. Weitere gesundheitliche Beeinträchtigungen liegen, bis auf die fehlende Mobilität in der Brustwirbelsäule, nicht vor.

Aufgrund des jungen Alters, der körperlichen Aktivität und der geringen Einschränkungen, liegen optimale Bedingungen für eine sehr gute Belastbarkeit und Trainierbarkeit vor.

2 Beweglichkeitstestung

Der Beweglichkeitstest ist ein wichtiger Bestandteil der Trainingssteuerung, um sowohl den Leistungszustand als auch den Trainingserfolg beurteilen zu können. Im Folgenden werden, anhand eines Testverfahrens mit fünf Übungen, Testergebnisse mit den jeweiligen Richtwerten verglichen und bewertet. Bei allen Testübungen ist auf eine korrekte Ausführung zu achten. Besonders soll ein Abheben des Beckens sowie eine Hyperlordose in der Lendenwirbelsäule vermieden werden, um ein Manipulieren des Ergebnisses ausschließen zu können. Letzteres kann durch ein bewusstes Anspannen der Bauchmuskulatur gänzlich vermieden werden.

Tab. 2: Bewertung der Beweglichkeitstestungen (eigene Darstellung)

Testübung	Bewegungsbeschreibung	Bewertung	Ergebnis	
			links	rechts
M. pectoralis major	Die Testperson legt sich in Rückenlage auf eine Behandlungsliege. Die Beine sind angewinkelt und liegen mit den Füßen auf der Auflagefläche. Somit ist sichergestellt, dass das Becken fixiert ist. Der Thorax wird durch einen leichten Zug mit der Handfläche, diagonal von der zu testenden Seite, vom Tester fixiert. Der zu testende Arm ist in einem 90°-Winkel gebeugt und die dazugehörige Schulter ist abduziert und nach außen rotiert. Zu untersuchen ist die Position des Oberarms zur Horizontalen. Die Testung erfolgt an beiden Körperseiten.	Stufe 0 = Oberarm erreicht Horizontale Stufe 1 = Oberarm erreicht Horizontale durch Druck des Testers Stufe 2 = Oberarm erreicht Horizontale auch durch Druck des Testers nicht	0	0
M. iliopsoas	Die Testperson legt sich in Rückenlage auf eine Behandlungsliege, sodass die Beine frei überhängen. Sie winkelt ein Bein an und zieht es mit beiden Händen maximal zum Körper hin. Das andere Bein bleibt weiterhin frei von der Liege überhängend. Zu untersuchen ist die Position der Oberschenkelmuskulatur des freien Beines im Verhältnis zur Körperlängsachse. Die Testung erfolgt an beiden Körperseiten.	Stufe 0 = Oberschenkel erreicht Horizontale Stufe 1 = Oberschenke erreicht Horizontale durch Druck des Testers Stufe 2 = Oberschenke erreicht Horizontale auch durch Druck des Testers nicht	1	1
M. rectus femoris	Die Testperson legt sich in Rückenlage auf eine Behandlungsliege, sodass die Beine frei überhängen. Sie winkelt ein Bein an und zieht es mit beiden Händen maximal zum Körper hin. Das freie Bein wird durch den Tester in der maximalen Hüftextension fixiert. Nun wird das Kniegelenk, durch den Tester, in einen maximal möglichen Beugewinkel geführt. Zu untersuchen ist nun der Kniebeugewinkel zwischen Ober- und Unterschenkel. Ebenfalls sollte man drauf achten, dass die Beugung im Kniegelenk nicht durch die Behandlungsliege oder die Auflagefläche behindert werden. Die Testung erfolgt an beiden Körperseiten.	Stufe 0 = Unterschenkel hängt senkrecht ab Stufe 1 = Unterschenkel erreicht 90° im Kniegelenk durch Druck des Testers Stufe 2 = Unterschenkel erreicht 90° im Kniegelenk auch durch Druck des Testers nicht	1	1

Testübung	Bewegungsbeschreibung	Bewertung	Ergebnis	
			links	rechts
Mm. ischio-crurales	Die Testperson legt sich in Rückenlage auf eine Behandlungsliege. Ein Bein ist angewinkelt und liegt mit dem Fuß auf der Auflagefläche. Das zu testende Bein wird im Kniegelenk gestreckt und in eine maximale Hüftflexion geführt (Fußsohle zeigt im optimalen Fall zur Decke). Zu untersuchen ist der Hüftbeugewinkel. Das zu testende Bein muss während der kompletten Testung gestreckt bleiben. Das andere Bein darf ebenfalls die Ausgangsposition nicht verlassen. Die Testung erfolgt an beiden Körperseiten.	**Stufe 0** = Hüftflexion im Ausmaß von 90° **Stufe 1** = Hüftflexion im Ausmaß zwischen 80-90° möglich **Stufe 2** = Hüftflexion nur unter 80° möglich	0	0
Mm. triceps surae	Die Testperson legt sich in Rückenlage auf eine Behandlungsliege. Ein Bein ist angewinkelt und liegt mit dem Fuß auf der Auflagefläche. Das zu testende Bein wird im Kniegelenk gestreckt. Die untere Hälfte des Wadenbeins ragt über die Kante der Behandlungsliege hinaus. Der Tester steht am unteren Ende der Liege und greift mit einer Hand am Fersenbein und mit der anderen Hand die Fußaußenkannte. Nun zieht der Tester die Ferse zu sich, während er mit dem Daumen der anderen Hand den Vorfuß achsengerecht in Richtung Schienbein schiebt. Zu untersuchen ist die Dorsalextension im oberen Sprunggelenk. Die Testauswertung kann differenziert nach M. gastrocnemius und M. soleus erfolgen. Bei gestrecktem Knie wird der M. gastrocnemius und bei angewinkeltem Knie der M. soleus untersucht. Diese beiden Muskelgruppen bilden zusammen den Mm. Triceps surae. Zu beachten ist, dass der Druck mit dem Daumen nicht mittig, sondern an der Außenseite der Fußsohle erfolgt um eine reflektorische Anspannung des Mm. Triceps surae zu verhindern. Ansonsten kommt es zu einer Verfälschung der Testergebnisse. Entscheidend hierfür ist der zusätzliche Zug an der Ferse und nicht ausschließlich der Druck an der Fußsohle zum Schienbein.	**Stufe 0** = Dorsalextension bis 0° möglich **Stufe 1** = Dorsalextension möglich; 0° wird nicht ganz erreicht **Stufe 2** = Dorsalextension nur bis 10° unter 0°-Stellung möglich	0	0

Die einzelnen Testergebnisse lassen sich wie folgt zusammenfassen. Die Testperson ist durchaus beweglich und belastbar. Sie weist keinerlei Einschränkungen im Bereich des M. pectoralis major auf. Schaut man auf die unteren Extremitäten, so liegen zum Teil Beweglichkeitsdefizite vor. So ist die Muskulatur der Hüftgelenkflexoren, M. iliopsoas und M. rectus femoris, nur beschränkt beweglich. Die Ursache liegt in der sportlichen Aktivität (Fußball), da hierbei ohne spezielles Beweglichkeitstraining mögliche sportartspezifische Bewegungseinschränkungen erfolgen. Sowohl bei der ischiocruralen Muskultur als auch bei dem Mm. triceps surae liegen keine weitere Beweglichkeitsdefizite vor. Schlussfolgernd ist es nun wichtig, sowohl rehabilitativ als auch präventiv, durch optimale Dehnübungen die Beweglichkeit zu verbessern.

3 Trainingsplanung Beweglichkeitstraining

Anhand der Personendaten und des Beweglichkeitstest wurde ein Dehnprogramm erstellt, bestehend aus zehn Dehnübungen, die sich unterschiedlicher Dehnmethoden bedienen. Es wurde darauf Wert gelegt, dass alle wichtigen Muskel-Gelenk-Systeme im Programm vorkommen. Der Schwerpunkt liegt hierbei auf den unteren Extremitäten, welche durch die hohe Belastung im Fußball die meisten Defizite aufweisen. Besonders ist hierbei die Muskulatur der Hüftgelenkflexoren zu nennen. Bevor ein Beweglichkeitstraining startet sollte mit einem Aufwärmprogramm von 5 bis 10 Minuten begonnen werden.

3.1 Dehnprogramm

Tab. 3: Darstellung und Beschreibung des Dehnprogramms (eigene Darstellung)

	Anvisierte Zielmuskulatur	Dehn-methoden	Übungsbeschreibung
1.	M. trapezius pars transversa; Mm. rhomboidei	aktiv-dynamisch	Der Proband befindet sich in einem aufrechten und schulterbreiten Stand. Die Knie sind leicht gebeugt und das Becken ist aufgerichtet. Die Schultergelenke werden in einen 90°-Winkel anteversiert, sodass die Arme nach „vorne" gestreckt werden. Dabei greift die eine Hand die Andere. Der Kopf wird gesenkt und das Kinn auf dem Brustkorb abgelegt. Nun führen die beiden Muskeln M. pectoralis minor und M. serratus anterior durch ein gezieltes Anspannen, eine Protraktion durch. Dadurch wird eine aktive Dehnung der Schulterblattretraktoren (M. trapezius pars transversa und Mm. rhomboidei) erzielt. Anschließend erfolgt eine Relaxation, wodurch beide Arme wieder nach hinten geführt werden. Dieses Zusammenspiel zwischen Kontraktion und Relaxation wird mehrmals dynamisch wiederholt. Deshalb liegt hier eine aktive-dynamische Dehnmethode vor.
2.	M. pectoralis major	aktiv-dynamisch	Der Proband befindet sich in einem aufrechten und schulterbreiten Stand. Die Knie sind leicht gebeugt und das Becken ist aufgerichtet. Das Schultergelenk ist in einem 90°-Winkel zur Seite abduziert und auch im Ellenbogen wird durch eine Flexion ein 90°-Winkel eingenommen. Die Schultern werden nach unten gezogen (weg von den Ohren) und die Handflächen zeigen zueinander. Nun führt eine willkürliche Kontraktion des M. trapezius pars transversa, die beiden Arme, auf Schulterhöhe nach hinten (Retraktion). Dadurch entsteht eine aktive Dehnung im M. pectoralis major. Anschließend erfolgt eine Relaxation, wodurch beide Arme wieder nach vorne geführt werden. Dieses Zusammenspiel zwischen Kontraktion und Relaxation wird mehrmals dynamisch wiederholt. Deshalb liegt hier eine aktive-dynamische Dehnmethode vor.
3.	M. erector spinae; M. rectus abdominis	aktiv-dynamisch	Der Proband begibt sich in einen Vierfüßlerstand. Die Schultern liegen oberhalb der Handflächen und die Hüfte ist oberhalb der Knie ausgerichtet. Bei dieser Übung werden abwechselnd zwei unterschiedliche Muskelgruppen aktiv und dynamisch gedehnt. Beim ersten Teil der Übung wird durch eine Kontraktion des M. rectus abdominis der Rücken in eine maximale Wölbung gebracht (Katzenbuckel). Durch die Kontraktion des Agonisten, in diesem Fall der M. rectus abdominis, erfolgt eine aktive Dehnung des M. erector spinae. Anschließend begibt sich der Proband über die Ausgangsstellung (Vierfüßlerstand) in ein geführtes Hohlkreuz. Es kommt ebenfalls zu einer aktiven Dehnung, da in diesem Fall der M. erector spinae kontrahiert wird und den M. rectus abdominis in eine aktive Dehnposition bringt. Durch einen ständigen Wechsel zwischen Katzenbuckel und dem geführten Hohlkreuz liegt eine dynamische Arbeitsweise vor.

	Anvisierte Zielmuskulatur	Dehn-methoden	Übungsbeschreibung
4.	M. gluteus maximus; M. gluteus medius; M. gluteus minimus; M. piriformis; M. tensor fasciae latae	passiv-statisch	Der Proband nimmt eine sitzende Position auf dem Gesäß ein. Die Beine sind im Kniegelenk nach vorne gestreckt. Anschließen wird das rechte Bein angewinkelt, über das linke Bein geschlagen und auf dem Boden aufgestellt. Der rechte Arm wird als Stütze seitlich versetzt, hinter dem Körper aufgestellt. Nun wird der linke Ellenbogen an die Außenseite des rechten Knies geführt. Der linke Ellenbogen übt Druck auf das rechte Knie aus und drückt dieses noch mehr auf die linke Seite. So wird die Dehnung der Glutealmuskulatur und der Hüftgelenkabduktoren verstärkt. Diese Position wird statisch gehalten. Anschließend wird das Bein gewechselt und ebenfalls in diese Dehnposition gebracht.
5.	M. iliopsoas; M. rectus femoris	passiv-statisch	Der Proband begibt sich in einen Ausfallschritt, bei dem das vordere Bein aufgestellt ist und beim hinteren Bein das Knie und der Fußrücken geerdet sind. Dabei ist zu beachten, dass das vordere Knie hinter dem vorderen Fuß positioniert wird. Nun wird der Körperschwerpunkt nach vorne verlagert, bis die Dehnintensität oberhalb der Dehngrenze liegt. Das Becken ist in dieser Position stets aufgerichtet und der Rücken ist aufrecht. Diese Position wird statisch gehalten. Anschließend wird das Bein gewechselt und ebenfalls in diese Dehnposition gebracht.
6.	M. quadriceps femoris; M. iliopsoas	aktiv-statisch	Der Proband begibt sich in den Fersensitz. Die Knie zeigen dabei nach außen. Anschließend werden die Hände leicht nach außen versetzt hinter den Füßen aufgestellt. Der Oberkörper wird dadurch nach hinten geneigt. Es ist stets auf eine aktive Rumpfmuskultur zu achten. Der Kopf wird aufgerichtet und das Kinn leicht in Richtung Brustkorb geneigt. Nun wird die Muskulatur der Hüftgelenkextensoren, besonders Mm. ischiocrurales und M. gluteus maximus, kontrahiert und die Hüfte gestreckt. Dadurch kommt es zu einer Dehnung des M. quadriceps femoris und dem M. iliopsoas. Durch die bewusste Kontraktion der Antagonisten (Mm. ischiocrurales und M. gluteus maximus) liegt hier eine aktive Dehnform bei den Agonisten (M. quadriceps femoris und M. iliopsoas) vor.
7.	M. quadriceps femoris	postisomet-risch	Der Proband legt sich in Seitenlage auf den Boden. Der bodennahe Arm ist in Verlängerung zum Körper nach oben gestreckt. Der Kopf liegt auf diesem Arm auf. Nun führt das bodenferne Bein eine Flexion im Kniegelenk durch und die freie Hand greift das Bein knapp oberhalb des Sprunggelenks, sodass eine leichte Dehnung entsteht. Anschließend wird der M. quadriceps femoris für zehn Sekunden isometrisch kontrahiert und drückt dabei gegen die fixierende Hand. Unmittelbar nach der Kontraktion wird die Zielmuskultur für zwei Sekunden entspannt. Nach der Erholung wird das Bein, durch die Hand, in eine maximale Beugung gebracht und für 20 Sekunden gehalten. Dieser Wechsel von isometrischer Kontraktion, Entspannung und Dehnung, wird direkt anschließend nochmals durchgeführt. Bis eine maximale Satzdauer von 60 Sekunden erreicht wird. Die Körperhaltung sollte stets aufrecht und in einer Linie erfolgen. Ebenfalls sollte auf ein aufgerichtetes Becken geachtet werden. Anschließend wird das Bein gewechselt und ebenfalls in diese Dehnposition gebracht.
8.	M. adductor brevis; M. adductor longus; M. adductor magnus; M. gracilis	passiv-statisch	Der Proband nimmt eine sitzende Position. Die Beine werden in einen maximal breiten Grätschsitz geführt. Die Dehnung wird durch ein leichtes nach vorne lehnen des Oberkörpers ausgelöst. Hierbei ist zu beachten, dass der Rücken stets aufrecht und gerade bleibt. Diese Übungen kann mit Hilfe eines Partners intensiviert werden, indem der Partner die Beine des Probanden vorsichtig in einen breiten Grätschsitz führt oder leicht von hinten den Oberkörper nach vorne drückt. Diese Position wird statisch gehalten.
9.	Mm. ischiocrurales	aktiv-statisch (Kniegelenk) passiv-statisch (Hüftgelenk)	Der Proband begibt sich in Rückenlage. Das eine Bein wird im Kniegelenk angewinkelt und aufgestellt. Das andere Bein wird durch die Kontraktion des M. rectus femoris im Kniegelenk gestreckt und mit dem Zug von beiden Händen (an der Oberschenkelrückseite in Richtung Knie) im Hüftgelenk gebeugt. Dadurch entsteht eine intensive Dehnung des Mm. ischiocrurales. Eine aktive Dehnung liegt in der Position der Hüftgelenkflexion durch eine Streckung im Knie vor. Hierbei wird der M. quadriceps femoris bewusst kontrahiert und das Kniegelenk wird gestreckt. Dadurch wird die Dehnung im Antagonisten (Mm. ischiocrurales) verstärkt. Im Hüftgelenk liegt eine passive Dehnform vor, da hierbei die Hände das gestreckte Bein in die Position ziehen. In beiden Gelenksystemen liegt eine statische Arbeitsweise vor.

Anvisierte Zielmuskulatur	Dehn- methoden	Übungsbeschreibung
10. M. gastrocnemius	passiv- dynamisch	Der Proband befindet sich auf dem Boden in einer Liegestützposition. Die Beine sind leicht geöffnet und das Gesäß ist in Richtung Decke gestreckt (Position herabschauender Hund beim Yoga). Nun wird abwechselnd ein Bein gestreckt und diese Ferse in Richtung Boden gedrückt. Das andere Bein ist zur gleichen Zeit leicht gebeugt. Durch das ständige Wechseln zwischen Dehnung und Erholung liegt eine dynamische Arbeitsweise vor.

3.2 Belastungsparameter Beweglichkeitstraining

Tab. 4: Belastungsparameter für das Beweglichkeitstraining (eigene Darstellung)

Belastungsparameter	
Trainingshäufigkeit pro Woche	4x pro Woche
Sätze pro Übung	4 Sätze
	Bei Übungen mit einseitiger Dehnung wird jede Seite jeweils 2x gedehnt
Dehndauer	• Bei statischem Dehnen: bis zu 45 Sekunden pro Satz • Bei dynamischem Dehnen: pro Satz ca. 15 Wiederholungen á 3 Sekunden Haltezeit • Bei postisometrischer Dehnung: 10 Sekunden isometrische Kontraktion der Zielmuskultur, 2 Sekunden Entspannung der Zielmuskulatur, ca. 20 Sekunden Einnehmen der Dehnposition mit deutlich spürbarem Reiz, Dieser Wechsel von isometrischer Kontraktion und Dehnung wird im Wechsel durchgeführt. Insgesamt ca. 60 Sekunden pro Satz
Dehnintensität	oberhalb der Dehngrenze

3.3 Begründung des Beweglichkeitstraining

Bei der Auswahl der Dehnübungen wurden alle Muskel-Gelenk-Systeme, bestehend aus Schultergürtel, Wirbelsäule und Beckengürtel, berücksichtigt. Es wurde bewusst ein Ganzkörpertraining gewählt, um die Beweglichkeit in allen Gelenken sowohl rehabilitativ als auch präventiv zu verbessern. Die Reihenfolge startet bei den oberen Körperregionen und wird dann übungsweise zu den unteren Extremitäten abgeleitet. Das ist eine vereinfachte Reihenfolge, wodurch sich der Proband auf die einzelnen Muskel-Gelenk-Systeme konzentrieren kann. Der Schwerpunkt wurde anhand der Beweglichkeitstestung auf die unteren Extremitäten gelegt, da hier die größte Belastung durch das Fußball spielen vorliegt und auch anhand der Beweglichkeitstestung die größten Defizite erkennbar wurden. Besonders auffallend waren die Defizite bei dem M. iliopsoas und dem M. quadriceps femoris. Hierfür wurden drei unterschiedliche Übungen mit unterschiedlichen Dehnmethoden eingebaut. Dies hatte folgenden Grund: „Aus wissenschaftlicher Sicht gibt es keinen empirischen Beleg, dafür dass eine bestimmte Dehnmethode effektiver ist als eine andere" (Lindel, 2010, S. 32). Deshalb wurde eine Mischung aus aktiv-statischer, passiv-statischer und postisometrischer Dehnmethoden gewählt. Zusätzlich wurden auch in Bereichen wie zum Beispiel der Schulter-, Rücken- und Brustmuskulatur dynamische Arbeitsweisen gewählt. Dies soll einer Monotonie des Beweglichkeitstrainings entgegenwirken. Die Angaben bezüglich der Belastungsparameter sind nicht exakt aus wissenschaftlichen Studien zu entnehmen, da hier die Spannbreite, zum Beispiel bei der Belastungsdauer um mehrere Sekunden, variiert. Laut Tomasits und Haber (2011, S. 192) wird „diese Haltung […] 30-50 Sekunden eingehalten". Zusätzlich wurden die Aspekte der zeitlichen Verfügungsrahmen, die Belastbarkeit und Trainierbarkeit des Probanden mit einbezogen und somit eine Gesamtbelastungsdauer von 45 Sekunden bei statischem und dynamischem Dehnen festgelegt. Lediglich bei der postisometrischen Dehnmethode wurde die Satzdauer auf 60 Sekunden definiert. Dadurch wird ebenfalls der Dehnreiz insgesamt für annähernd 45 Sekunden gehalten. Hinzu kommt die isometrische Kontraktion für insgesamt 20 Sekunden. Aufgrund des zeitlichen Verfügungsrahmens wurden vier Einheiten pro Woche angesetzt.

4   Trainingsplanung Koordinationstraining

„Mithilfe der Koordination kommt es erst zur richtigen Entfaltung aller motorischen Grundfertigkeiten wie Kraft, Ausdauer, Schnelligkeit und Beweglichkeit" (Zägelein, 2013, S. 211). Diese Grundfertigkeiten sind für das Ausüben seines Leistungssports Fußball, von essenzieller Bedeutung. Denn durch eine optimal ausgeprägte Koordination lassen sich Bewegungsabläufe ökonomisieren und eine Ermüdung hinauszögern (vgl. Zägelein, 2013, S. 211).

Im folgenden Koordinationsprogramm werden mit Hilfe von zwölf Übungen die Koordinationsfähigkeiten und das Gleichgewicht, in Bezug auf die sportliche Aktivität und der Personendaten, trainiert. Wichtig ist vorab zu klären: Bei den ersten auftretenden Ermüdungserscheinungen des Probanden muss ein Koordinationstraining unverzüglich abgebrochen werden.

4.1 Koordinationsprogramm

Tab. 5: Beschreibung des Koordinationstrainings (eigene Darstellung)

	Übung	Übungsbeschreibung
1.	Einbeinstand	Der Proband steht aufrecht auf einem Bein und versucht das Gleichgewicht zu halten. Anschließend wird das Bein gewechselt. Absolviert wird diese Übung jeweils zwei Mal pro Bein.
2.	Einbeinstand + Impulsgebung durch Partner	Der Proband steht wieder aufrecht auf einem Bein. Hinzu kommen leichte Impulsgebungen von einem Partner an unterschiedlichen Körperpunkten (z.b. Schulter, Knie, etc.) und von unterschiedlichen Richtungen (z.B. von vorne, von den Seiten, von hinten). Der Proband muss versuchen weiterhin das Gleichgewicht zu halten. Anschließend wird das Bein gewechselt. Absolviert wird diese Übung jeweils zwei Mal pro Bein.
3.	Einbeinstand geschlossene Augen	Der Proband steht aufrecht und mit geschlossenen Augen auf einem Bein und versucht das Gleichgewicht zu halten. Anschließend wird das Bein gewechselt. Absolviert wird diese Übung jeweils zwei Mal pro Bein.
4.	Einbeinstand geschlossene Augen + Impulsgebung durch Partner	Der Proband steht wieder aufrecht und mit geschlossenen Augen auf einem Bein. Hinzu kommen leichte Impulsgebungen von einem Partner an unterschiedlichen Körperpunkten (z.B. Schulter, Knie, etc.) und von unterschiedlichen Richtungen (z.B. von vorne, von den Seiten, von hinten). Der Proband muss versuchen weiterhin das Gleichgewicht zu halten. Anschließend wird das Bein gewechselt. Absolviert wird diese Übung jeweils zwei Mal pro Bein.
5.	Einbeinstand auf Therapiekreisel	Der Proband steht auf einem Therapiekreisel mit einem Bein und versucht das Gleichgewicht zu halten. Anschließend wird das Bein gewechselt. Absolviert wird diese Übung jeweils zwei Mal pro Bein.
6.	Einbeinstand auf Therapiekreisel + Ball zurückschießen	Der Proband steht auf einem Therapiekreisel mit einem Bein. Ein Partner stellt sich mit einem gewissen Abstand (ca. ein bis zwei Meter) vor den Probanden. Der Partner wirft einen Ball (z.B. Fußball), auf Schienbeinhöhe in Richtung des Probanden. Er schießt mit seinem freien Bein den Ball zurück zu seinem Partner, sodass dieser ihn wieder fangen kann. Diese Übung wird mehrmals wiederholt und anschließend das Bein gewechselt. Um nach mehreren Trainings den Schwierigkeitsgrad zu erhöhen, können kleinere Bälle genutzt werden. Diese sind schwerer zu treffen und zum Partner zurück zu spielen. Absolviert wird diese Übung jeweils zwei Mal pro Bein mit jeweils 15 Wiederholungen.
7.	Vierfüßlerstand + Hand und Fuß diagonal lösen	Der Proband befindet sich im Vierfüßlerstand auf dem Boden. Die Beine sind hüftbreit aufgestellt. Die Rumpfmuskultur ist angespannt und der Blick geht in Richtung Boden. Anschließend werden ein Bein und die diagonal liegende Hand vom Boden gelöst und in Verlängerung zum Körper gestreckt. Der Körper bleibt dauerhaft in der Ausgangsposition ausgerichtet. Danach werden das Bein und die Hand gewechselt. Absolviert wird diese Übung jeweils zwei Mal pro Seite.
8.	Vierfüßlerstand + Hand und Fuß diagonal lösen auf Therapiekreisel	Die zuvor absolvierte Übung wird zusätzlich mit vier Therapiekreiseln erschwert. Der Proband nimmt ebenfalls die Position des Vierfüßlerstand ein. Jede Hand und jeder Fuß sind auf einem Therapiekreisel aufgestellt. In Folge wird wieder ein Bein und die diagonal liegende Hand vom Therapiekreisel gelöst. Diese Position wird statisch gehalten. werden das Bein und die Hand gewechselt. Absolviert wird diese Übung jeweils zwei Mal pro Seite.
9.	Sprung + einbeiniges Landen	Der Proband steht im Einbeinstand vor einer Linie (reell oder imaginär). Nun springt er im Wechsel diagonal nach vorne, nach links anhand der Linie. Dabei landet er auf der rechten Seite der Linie immer mit dem rechten Bein ab. Springt dann mit diesem Bein auf die linke Seite und landet in dem Fall auf dem linken Bein. Bei der Landung ist das Knie gebeugt und der Proband springt auch aus einer tiefen Position wieder ab. Zwischen den Sprüngen soll kurz die Balance für zwei bis drei Sekunden gehalten werden ehe man wieder weiter springt. Bis zu fünf Sprüngen pro Bein.
10.	Sprung + einbeiniges Landen nach akustischen/visuellen Signalen	Der Proband steht im Zweibeinstand. Nun springt er beidbeinig nach vorne ab. Kurz nach dem Absprung gibt der Partner ein Signal (akustisch oder visuell) auf welchem Bein der Proband landen soll (Absprung zweibeinig; Landung einbeinig). Dies kann auch mehrmals hintereinander z.B. auf dem rechten Bein sein. Wichtig ist jedoch, dass die Signale so gewählt werden, dass beide Beine insgesamt gleichmäßig trainiert werden. Zwischen den Sprüngen soll kurz die Balance für zwei bis drei Sekunden gehalten werden, ehe man sich wieder in Ausgangstellung aufstellt und den nächsten Sprung angeht. Pro Satz werden zehn Wiederholungen absolviert.

	Übung	Übungsbeschreibung
11.	Sprung auf Wackelbrett	Der Proband steht im Zweibeinstand vor einem Wackelbrett. Folgend springt er mit beiden Beinen ab und landet wieder im Zweibeinstand auf dem Wackelbrett. Auf dem Brett versucht er die Balance für zwei bis drei Sekunden zu halten, ehe er wieder absteigt und diese Übung mehrmals wiederholt. Um nach mehreren Trainings den Schwierigkeitsgrad zu erhöhen, kann die Distanz zwischen dem Probanden und dem Wackelbrett vergrößert werden. Bei größerem Abstand hat der Proband mehr Schwung, den er auf dem Wackelbrett abbremsen und austarieren muss. Diese Übung wird drei Mal absolviert.
12.	Sprung auf Wackelbrett + einbeiniges Landen	Der Proband steht im Zweibeinstand vor einem Wackelbrett. Nun springt er mit beiden Beinen ab und landet diesmal im Einbeinstand auf dem Wackelbrett. Auf dem Brett versucht er die Balance für zwei bis drei Sekunden zu halten ehe er wieder absteigt und diese Übung mehrmals wiederholt. Auch hier kann der Schwierigkeitsgrad durch die Vergrößerung der Distanz erhöht werden. Absolviert wird diese Übung jeweils zwei Mal pro Bein. Diese Übung hat einen hohen Schwierigkeitsgrad und bedarf somit höchster Konzentration. Ist diese vor oder während der Übung nicht mehr gegeben muss das Training, wie schon bei Punkt vier „Koordinationstraining" beschrieben, sofort abgebrochen werden.

4.2 Belastungsparameter Koordinationstraining

Tab. 6: Belastungsparameter für das Koordinationstraining (eigene Darstellung)

Belastungsparameter	
Trainingshäufigkeit pro Woche	4x pro Woche
Gesamttrainingsdauer	ca. 45 Minuten
Haltedauer bei statischen Übungen	30 Sekunden
Wiederholungsanzahl bei dynamischen Bewegungsabläufen	15 Wiederholungen bei den Übungen 9, 10 und 12: 10 Wiederholungen
Satzanzahl	2-3 Sätze
Pausendauer	30 Sekunden

4.3 Begründung des Koordinationstraining

Bei der Auswahl der Koordinationsübung, wurde bewusst auf ein Gleichgewichtstraining mit unterschiedlichen Störfaktoren wert gelegt. „Eine gute Koordination ist vor allem beim Leistungssport wichtig. Gerade im Spitzensport müssen die Bewegungsabläufe bis zur Perfektion beherrscht werden" (Zägelein, 2013, S. 211). Was im Spitzensport gilt, ist auch relevant beim Amateursport. So ist es auch beim Amateurfußball von großer Bedeutung das Gleichgewicht zu halten, um trotz möglicher Störfaktoren (z.B. Körpereinsatz vom Gegner), die Balance zu halten. Die Reihenfolge der Übungen wurde systematisch von einfach zu schwer geordnet. Vergleichbar zum Dehnprogramm ist es auch beim Koordinationstraining nicht exakt aus wissenschaftlichen Studien zu entnehmen, welche Belastungsparameter optimal geeignet sind. Jedoch wichtig zu beachten ist: „Das Training sollte im ermüdungsfreien Zustand erfolgen und keinesfalls am Ende einer anstrengenden

Trainingseinheit" (Zägelein, 2013, S. 222). Die einzelnen Übungen wurden erstellt, um möglichst fußballnahe zu sein, sodass die fußballerische Leistung verbessert wird. Als Beispiel ist der Einbeinstand mit Impulsgebung eines Partners zu nennen. Hierbei wird ein Körpereinsatz eines Gegenspielers simuliert. Es wurden zwölf Übungen gewählt, um möglichst viele unterschiedliche Störfaktoren mit in eine Übung einzubauen (z.b. Einbeinstand mit Impulsgebung, mit Augen zu, auf Therapiekreisel, etc.). Außerdem wurden mehrere unterschiedliche Übungen eingebaut, sodass möglichst unterschiedliche Fähigkeiten trainiert werden. Zum Beispiel wird bei der Übung im Vierfüßlerstand neben dem Gleichgewicht auch die Rumpfstabilität trainiert, oder bei den Sprüngen werden zusätzlich die Schnellkraft und die Rektionsschnelligkeit (bei akustisch/visuellen Signalen vom Partner) gefördert.

5 Literaturrecherche

Tab. 7: Studienvergleich zum Thema Effekte des Dehnens im Hinblick auf eine Verbesserung der sportlichen Leistung (eigene Darstellung)

	Studie 1	Studie 2
Wer hat die Studie durchgeführt?	Michael Grätz	Josef Wiemeyer
Wann wurde die Studie publiziert?	2010	2003
Welche Forschungsfragen wurden untersucht?	Welche Auswirkungen beim Aufwärmverhalten haben statisches und dynamisches Dehnen bezogen auf die Schnell- und Explosivkraftfähigkeiten?	Wird durch eine psychophysiologische Entspannung vergleichbare Leistungseinbußen wie durch ein statisches Dehnen hervorgerufen und wie können die Leistungseinbußen durch Dehnen und Entspannung zusammenhängen?
Mit welchen Versuchspersonen wurden die Studien durchgeführt?	20 männliche Division 1 American Footballspieler der Lower Austrian Titans. Alter = 24,5 +/- 5,8 Jahre Größe = 180,95 +/- 6,7 Zentimeter Gewicht = 91,95 +/- 18,5 Kilogramm	14 Probanden (6 Frauen und 8 Männer) Alter: M = 21 Jahre Größe: M = 174 Zentimeter Gewicht: M = 66 Kilogramm
Wie sah der Versuchsaufbau aus?	Untersucht wurden die Schnell- und Explosivkraftfähigkeiten mittels dem Counter-Movement-Jump und den 10- und 40-Yards Sprintzeiten. Die Probanden wurden in zwei randomisierte Gruppen eingeteilt. 24 Stunden vor der Testung durfte keine körperlich anstrengende Tätigkeit für die unteren Extremitäten durchgeführt werden. Die eine Gruppe vollzog ein statisches und die andere ein dynamisches Aufwärmen. Zusammen machte jede Gruppe vor dem Dehnen ein 10-minütiges Jogging Warm-Up. Die Sprunghöhe wurde mittels einer Kraftmessplatte und die Sprintzeit mittels Lichtschranken ermittelt.	Vor und nach einem statischen Dehnprogramm wurde ein Standhochsprung mit frei gewählter Ausholbewegung durchgeführt. Es wurde ein AB- bzw. ein BA- Plan durchgeführt. Das heißt die Probanden wurden insgesamt zweimal untersucht (an zwei verschiedenen Testtagen), jeweils einmal nach dem Aufwärmen mit Dehnen bzw. nach einem Aufwärmen mit Entspannung. Das Dehnprogramm beinhaltete die Hauptkinetoren des Vertikalsprungs. Hierbei wurden der M. gluteus maximus, der M. quadriceps femoris und der M. gastrocnemius, beidseitig für jeweils drei Mal 20 Sekunden passiv-statisch gedehnt.

	Studie 1	Studie 2
Welche relevanten Ergebnisse und Schlussfolgerungen lieferten die Studien	Der Counter-Movement-Jump wies einen signifikanten Unterschied hinsichtlich der Sprunghöhe auf. Nach dynamischem Dehnen war der Sprung im Durchschnitt um 2,2 cm (5,5%) höher als nach statischem Dehnen (p = 0,026). Bei den 10-Yards und 40-Yards-Sprints gab es keinen signifikanten Unterschied hinsichtlich des statischen und dynamischen Dehnens. Es gab eine geringe Verbesserung nach dem dynamischen Dehnen, diese war aber nicht von Relevanz. Die 10-Yards-Zeiten waren nach dem dynamischen Dehnen im Durchschnitt um 0,03 Sekunden (-1,6%), (p = 0,118) und bei den 40-Yards-Zeiten ebenfalls um 0,03 Sekunden (-0,6%), (p = 0,485) verbessert. Dynamisches Dehnen sollte vor einer explosiven und schnellkräftigen sportlichen Belastung angewendet werden. Es wird empfohlen das dynamische Dehnen so kurz wie möglich vor dem Wettkampf zu platzieren, um den bestmöglichen Effekt ausnützen zu können.	Das Aufwärmen führt an beiden Untersuchungstagen zu einem signifikanten Anstieg der Sprunghöhe um 4.4 bzw. 4.5 %. Die nach dem Aufwärmen realisierte Sprunghöhe sank nach statischem Dehnen um durchschnittlich 2.6% (N= 14, z= -2.626, 2p=.009, d'=-1.59), während sie nach dem Entspannen um durchschnittlich 2.2% absank (N= 14, z= -2.450, Ergebnisse 2p=.014, d'=-1.05). Nach dem Dehnen war bei 12 Versuchspersonen und nach der Entspannung bei 10 Versuchspersonen ein Abfall der Sprunghöhe nachzuweisen. Die Veränderungen der Sprunghöhe nach Dehnen und nach Entspannen korrelieren signifikant (N=14, R=.51, p<.05). Sie unterscheiden sich nicht (N= 14; z= -1.155; 2p=.248). Während bei 9 Probanden die Veränderungen der Sprunghöhe beim Dehnen deutlicher als beim Entspannen ausfallen (d.h., die Werte liegen oberhalb der Winkelhalbierenden), ist dies bei vier Probanden umgekehrt. Die Ergebnisse zeigen, dass sowohl durch Dehnen als auch durch Entspannung signifikante Leistungseinbußen bei der Vertikalsprungleistung nachweisbar sind. Zwischen diesen beiden Interventionen besteht ein signifikanter Zusammenhang (R=.51). Folglich muss psychophysiologischen Desaktivierungsprozessen ein bedeutender, wenn auch nicht alleiniger Anteil an der Reduktion von Schnellkraftleistungen zugeschrieben werden.

6   Literaturverzeichnis

Grätz, M. (2010). Die Auswirkungen von statischem und dynamischen Dehnen auf die "Sprunghöhe", die "10-Yards-Zeit" und die "40-Yards-Zeit". Wien. Abgerufen am 07. 10. 2020 von http://othes.univie.ac.at/8061/

Lindel, K. (2011). *Muskeldehnung.* Berlin-Heidelberg: Springer-Verlag.

Tomasits, J., & Haber, P. (2011). *Leistungsphysiologie.* Wien: Springer-Verlag.

Wiemeyer, J. (2003). Dehnen und Leistung - primär psychophysiologische Entspannungseffekte. *Deutsche Zeitschrift für Sportmedizin.*

Zägelein, W. (2013). *Move for Life.* Berlin-Heidelberg: Springer-Verlag.

7   Abbildungs- und Tabellenverzeichnis

7.1   Abbildungsverzeichnis

7.2   Tabellenverzeichnis

BEI GRIN MACHT SICH IHR WISSEN BEZAHLT

- Wir veröffentlichen Ihre Hausarbeit,
  Bachelor- und Masterarbeit

- Ihr eigenes eBook und Buch -
  weltweit in allen wichtigen Shops

- Verdienen Sie an jedem Verkauf

Jetzt bei www.GRIN.com hochladen
und kostenlos publizieren